MÁQUINA DE COSTURAR CONCRETO

Amanda Ribeiro

**Conheça melhor
a Biblioteca Madrinha Lua.**

editorapeiropolis.com.br/madrinha-lua

MÁQUINA DE COSTURAR CONCRETO

Amanda Ribeiro

EDITORA Peirópolis

São Paulo, 2022

Copyright © 2022 Amanda Ribeiro

EDITORA **Renata Farhat Borges**
COORDENADORA DA COLEÇÃO **Ana Elisa Ribeiro**
PROJETO GRÁFICO E DIAGRAMAÇÃO **Gabriela Araujo**
REVISÃO **Mineo Takatama**

Dados internacionais de Catalogação na Publicação (CIP) de acordo com ISBD

R484m   Ribeiro, Amanda

           Máquina de costurar concreto / Amanda Ribeiro. – São Paulo: Peirópolis, 2022.
           96 p.; 12 x 19 cm – (Biblioteca Madrinha Lua)

           ISBN 978-65-5931-181-1

           1. Literatura brasileira. 2. Poesia. 3. Poesia contemporânea. 3. Poesia escrita por mulheres. I. Título. II. Série.

2022-1111   CDD 869.1
                   CDU 821.134.3(81)-1

Elaborado por Vagner Rodolfo da Silva – CRB-8/9410

Índice para catálogo sistemático:
1. Literatura brasileira: Poesia 869.1
2. Literatura brasileira: Poesia 821.134.3(81)-1

Editado conforme o Acordo Ortográfico da Língua Portuguesa de 1990.   1ª edição, 2022

Editora Peirópolis Ltda.
Rua Girassol, 310f – Vila Madalena
05433-000 – São Paulo – SP
tel.: (11) 3816-0699
vendas@editorapeiropolis.com.br
www.editorapeiropolis.com.br

para minhas casas
— lugares, pessoas, tempos

PREFÁCIO
Casa, corpo, livro
Flávia Péret

As mãos negativas é um curta-metragem escrito e realizado pela escritora francesa Marguerite Duras. Nesse filme-ensaio feito a partir de planos-sequência, observamos as ruas de Paris ao amanhecer: carros, prédios, pessoas, semáforos, uma rotatória, vitrines iluminadas. Catorze minutos ininterruptos de uma paisagem comum. Simultaneamente, ouvimos a voz em *off* da escritora. Ela se pergunta o que teria mobilizado o impulso humano de gravar a forma das próprias mãos na parede de uma caverna no sul da Espanha. A impressão pré-histórica, conhecida como "mãos negativas", tem cerca de 30 mil anos. A prática era realizada, provavelmente, soprando-se uma substância em pó sobre as mãos espalmadas na rocha a fim de se obter o contorno delas. Qual é o desejo que antecede esse gesto? Que tipo de sensibilidade existia 30 mil anos atrás? Quem era aquela pessoa? Marguerite Duras imagina: "O azul da água, o negro da noite. [...] O homem só na caverna olhou, em meio ao barulho, em meio ao som do mar, a imensidão das coisas".

Trinta mil anos depois, grande parte dos *Homo sapiens*
vive encerrada dentro de apartamentos. Com
diferentes intensidades, fomos nocauteados pelos
efeitos da evolução. Inventamos os condomínios,
o vidro, a internet, as páginas amarelas, o faqueiro
Tramontina, o crachá, o chuveiro elétrico, as
toalhas felpudas, o sabonete com hidratante.
Trinta mil anos depois, uma mulher toma banho
sozinha. O chuveiro é sua caverna. Ela imprime a
forma da sua mão na superfície do box. A gravação
ultraefêmera é feita com o vapor de água quente.
A partir daí, começo a imaginar a sensibilidade
que produz esse gesto – pré-histórico e ancestral
– de engendrar vestígios. Aproximo-me dessa
subjetividade porque também sou afetada e
constituída por essa urgência injustificada que
é escrever poemas: grafar.

A mulher dentro da casa-apartamento, atenta aos absurdos
e às sutilezas do cotidiano e da vida, é a
personagem principal do segundo livro da poeta
mineira Amanda Ribeiro. *Máquina de costurar
concreto* propõe uma visita guiada à intimidade
e à subjetividade dessa moradora-anfitriã.
Os vestígios que Amanda Ribeiro produz,
resgatando as coisas de sua morte súbita, são
poemas. Nossa excursão inicia-se pelas bordas:
janelas que se abrem para dentro, maçanetas
emperradas, o cheiro da tinta fresca, um
campo de sempre-vivas, uma toalha de mesa
manchada, a pilha de roupas sujas, aranhas,
torradas quase queimadas, lágrimas. Parece que

Amanda Ribeiro desconfia da existência de
um único centro. Em seu livro, quase tudo é da
ordem do periférico, jamais do insignificante.
As imagens se desdobram de variadas formas.
Elas não são apenas as coisas (torradas, janelas,
maçanetas), mas artefatos poéticos que registram
a semelhança e a dessemelhança entre o espaço
doméstico (e também entre o corpo, a rua,
o amor) e a subjetividade de quem observa.

Uma toalha de mesa, por exemplo, transforma-se em
palimpsesto. As manchas e farelos revelam
a história daquele objeto (discreto e silencioso)
que, ao acompanhar o cotidiano da casa e da
sua moradora, torna-se legível. Em *Máquina
de costurar concreto*, Amanda Ribeiro cria essas
pequenas máquinas de leituras que registram
os movimentos da vida e que transformam
esses movimentos, muitas vezes invisíveis, em
linguagem. No entanto, ao contrário do que se
espera das máquinas – eficiência, produtividade –,
o poema é um desutensílio que trabalha contra
o calendário, contra a pressa, contra a eficiência.

Amanda Ribeiro é uma artista que experimenta outras
linguagens, como o vídeo. Não me parece que
o poema tenha mais peso que as imagens
em movimento. Ambos são dispositivos que
sondam a natureza microscópica e as múltiplas
variações dos objetos, das situações e das pessoas.
A simbiose texto-imagem também está presente
em *Máquina de costurar concreto* no modo como
Amanda Ribeiro compõe suas cenas poéticas:

"a lua cheia projeta sua antena parabólica na parede da sala"; "o espelho duplica os pontos de luz do ambiente"; "cachorros presos a coleiras / ipês cor-de-rosa / araújos socilas smartfits". Ao fazer isso, ela reafirma que o poético está, antes de mais nada, fora da linguagem, até mesmo fora do poema. O poético ou a poesia circula pela vida. Gosto de pensar que a tarefa daquelas e daqueles que escrevem poesia é, além de política – nomear e renomear o mundo é criar outros sentidos para as palavras de sempre –, feita de uma obstinada generosidade. O que o poeta compartilha conosco é justamente sua colisão (efêmera e temporária) com a poesia.

Diante da imensidão do cotidiano e, simultaneamente, da sua presença concreta, Amanda Ribeiro poderia simplesmente esboçar um minúsculo espanto, olhar o relógio, o *planner*, as previsões meteorológicas, mudar de assunto e correr para não se atrasar. Ela, no entanto, permanece. Silenciosa, atenta, curiosa, permanece diante da poesia. E, para sorte e alegria das suas leitoras e leitores, deixa gravada sua sensibilidade nas superfícies que encontra por aí.

Flávia Péret é escritora, professora e mestre em teoria da literatura pela Universidade Federal de Minas Gerais (UFMG) e autora de Mulher-bomba *(Editora Urutau),* Uma mulher *(Guayabo),* Instruções para montar mapas, cidades e quebra-cabeças *(Guayabo), edição bilíngue português/espanhol, entre outros livros.*

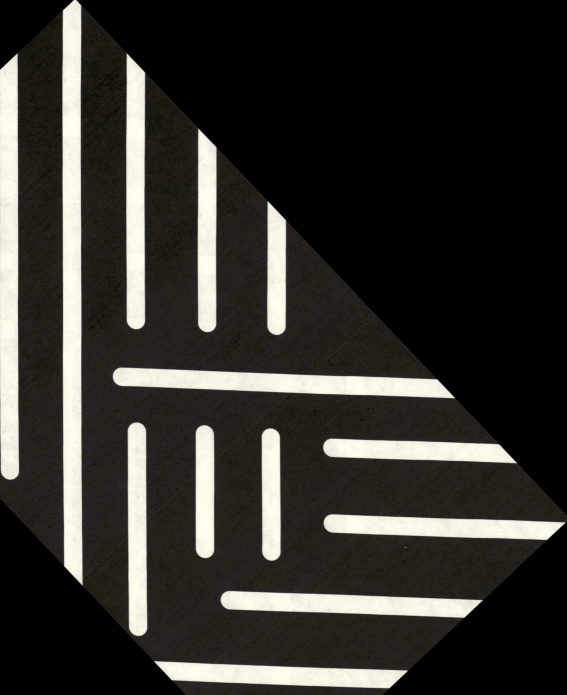

PARTE 1
ESCOLHA SEU CÔMODO PREFERIDO

Debaixo de tanta sujeira
o chão está na verdade muito limpo.

Observação sobre a limpeza da casa
NEM VEM Lydia Davis

instruções de apartamento

encaixe bem as peças
que unem os cômodos
elas costumam se desenroscar
sozinhas aumentando
a distância entre eles

escolha com cuidado
o lugar de cada móvel
certifique-se de que estão
bem fixados no piso
eles costumam trocar de posição
enquanto você dorme

dê preferência a janelas
que abrem para dentro
as que abrem para fora
costumam sair voando
por aí

escolha seu cômodo preferido
acomode-se e passe

boa parte do dia ali
pra que ele se acostume
com você também

platônica

nalgumas épocas do ano
a lua cheia projeta sua antena
parabólica na parede
da minha sala

seus sinais
captados e transmitidos
via satélite

meu horário nobre

minha novela preferida

diástole

quando você entrou
nem leu o aviso
de tinta fresca
foi girando
a maçaneta

nem reparou
que a porta emperrada
estava assim
não era à toa

não convidei ninguém
não tenho espaço só quatro
cômodos cansados
de ouvir a campainha
  – susto ou doce?

eu me assusto toda vez

e agora você me entra

sem bater

tá toda suja de tinta

e ainda vai me dar o trabalho

de tirar a sua roupa

para lavar

quarto

o espelho duplica
os pontos de luz do ambiente
clareia
mas não aquece

seus poros suas linhas
de expressão
sua imagem nítida
aos olhos nus
de quem acorda
ao seu lado

quarto 2

vejo sua roupa jogada no chão
do quarto e seu corpo confuso na cama
sobre o lençol branco
que eu troquei antes de ontem
seu corpo me diz
que o sono foi agitado que vai demorar
e a tranca que mantinha a janela
fechada caiu quicou
revelou o dia branco e eu também
pude ver a roupa do dia
jogada no chão

quarto 3

parada vendo o sol
nascer atrás do seu corpo
um campo imenso
de sempre-vivas

sua pele rente à minha
os pelos serenos
a cabana formada pelas suas mãos
cobrem seu umbigo e o rastro
seco da minha saliva

tento compassar
minha respiração com a sua
você demora mais tempo que eu
para inspirar
e expirar

talvez eu não faça
bom uso dos meus pulmões
e você me ensine coisas
da maior importância
até dormindo

banho

lavo meus cabelos
curtos
brinco de
bowie
moicano
alfalfa
massageio o couro
cabeludo
deixo
o produto
agir por 3
minutos
enxáguo
sem lágrimas
olho
para o ralo
vejo a água
turva
descer sua
garganta
nenhum fio

longo

dependurado marca

território

carimbo

minha mão

no box

e piso

no chão

molhada

sala

havia uma rachadura
na parede da sala

no início ela me preocupava
mas depois
reparei que ela parecia
o desenho cartográfico
de um rio

resolvi pintá-la de azul

em poucos dias
desaguou

home sweet office

a casa das abelhas
é também seu local
de trabalho

escala richter

o caos provoca meus abalos
s   s   i   o
   í   m   c   s
e não o contrário

primeiro, o terremoto

quadros   lustres
             vasos
taças

             souvenirs
malas   e s p e l h o s
       endo
          m   gesso
          é   i o
         t r
                     temperos
   relógio

         fósforos talheres

a r a n h a s   lágrimas livros

                                   maçanetas

cascas   ferramentas

                              sutiãs

                    garrafas

xícaras   f i c

                            h a s

caindo   e a ação involuntária

                    dos braços   cobrindo a c a b e ç a

e só depois

          e olhe lá

o movimento das minhas placas

tec tec tec tec tec tec tec tec tec tec tec tec tec tec tec

tec tec tec tec tec tec tec tec tec tec tec tec tec tec tec

tec tec tec tec tec tec tec tec tec tec tec tec tec tec tec

tec tec tec tec tec tec tec tec tec tec tec tec tec tec tec

tec tec tec tec tec tec tec tec tec tec tônicas

souvenirs

são memórias
quadridimensionais

largura
comprimento
fundura
poeira

bina

b identifica número de a
já que é a quem liga
para b e é b quem decide
se quer atender a
ligação depois de identificar
o número de a na
bina

b não sabe se atende a
olha para a bina
hipnotizada pelo número
que não vê há algum tempo

a espera aflita ser atendida
não sabe que b
comprou uma bina
para identificar seu número e assim
poder decidir
se quer conversar

b coloca a mão
sobre o telefone enquanto a
coloca a mão sobre
o gancho

b e a se
movimentam
ao mesmo tempo

cozinha

os farelos de bolo
a mancha de vinho

uma rota invisível
traçada a dedo – dois bairros
separados
por dezoito centímetros de trama
de algodão

Tiro ao Álvaro
impressa em batuques

os perdigotos da nossa
risada seu dna

compõem a estampa da toalha
de mesa

eu não me atrevo a limpá-la

virginiana

para Tante

a casa está limpa e arrumada
o frio o vinil o cheiro de alecrim
acendo umas velas que guardo há
séculos e cozinho para seis ou sete
arroz peixe legumes assados vinho
verde gelado e sorvete apesar do frio
a conversa desembola em ganchos
os empregos as viagens um divórcio
sem traumas o aniversário da nossa
formatura a comida que comemos
o preço da gasolina o quanto
caetano está para
poesia enquanto
chico está
para
prosa
e quanta
coisa há
de ser
feita
amanhã
desde
caminhar
com o
cão até
escrever a
dissertação
é bom recebê-los
sempre é muito bom ora longe de mim
dizer que não mas é que eu só penso em dormir
e sou eu não eles sou eu que terei que ficar até as três
três e meia da manhã sozinha chapada arrumando a cozinha

ai food

minha primeira refeição do dia
foi a pele dos meus lábios

abri feridas em três pontos
não colineares

    um plano:
          estancar o sangue
com papel higiênico

mas chupei as quinas
da figura imaginária e passei um batom
vermelho hot passion
que apelidei
de vermelho
plano B

área de serviço

você colocou suas roupas
na máquina de lavar sem perceber
que no bolso de uma calça
havia um papel

não se lembra
se era uma nota fiscal
uma minilista de compras
um lenço um panfletinho
da loja de artigos japoneses
alguma coisa importante

os farelos agora estampam
seus jeans seu moletom
sua memória ruim

...

ma vem do japonês 間
mistura de portinhola
e sol

o que liga o jardim
à casa de chá

oito segundos
da luz até a Terra

interseção entre espaço
e tempo

um encontro
marcado no planner

a pré-estreia
a pré-venda

a tensão
pré-menstrual

os hifens
os travessões

o perfume
de quem já passou

o que não chegamos
a viver

o que há entre
o papel no bolso
e o primeiro jato d'água

*

se possível

levantar uma casa dentro da casa

como a do cachorro

que fica na varanda de uma maior

às vezes só pouco maior

não é necessário

que ela seja grande mas

se possível

que dentro dela você levante

uma redoma uma concha um casco

todo seu

—

fazer da casa
uma casa
de estar

enxoval

bordei seu nome
em ponto-cruz

rezei um terço
do que pretendo

cerzi um pedaço
da sua epiderme
na minha

vesti seu corpo
e fiz ajustes

estampei minha prece
na cortina da janela
da casa em que um dia
ainda vamos morar

━━ PARTE 2 ━━

DO BOLSO NA CALÇADA

━ querida cacá
*a timidez é como um algodão doce que
dissolve na boca. corrigir redações é se
deparar com os poemas que não deixamos
xs jovens escrever. o apartamento
de cima está em reforma e penso que
gosto disso de você sempre anteceder a sua fala com
um silêncio acolchoado.
se algum dia fôssemos morar juntas em
uma casa, acredito que a deixaríamos
envelhecer em paz.*

Mariana Ruggieri
*Nota das organizadoras,
em* Discoteca selvagem,
de Cecilia Pavón

Arthemis 1

planejamos ir à lua
but we had a problem
não tínhamos sequer
um foguete

tratei de construí-lo
com alguma lataria velha
que guardei para um momento
oportuno

eu disse está pronto, amor
e você disse oh
mas será seguro?

eu não pude garantir
mas acabamos
de dar partida

em cima das casas

há dentes de leite
arroz urina de gato
canais de tv paga
calhas entupidas
pequenos animais
em decomposição
mísseis amarrados a balões
um faqueiro tramontina intacto
as páginas amarelas
de uma lista telefônica
boletos picotados
seu crachá e não há
chaminés

39

a sapatilha nova aperta o osso
roça a pele
me faz andar com os joelhos
curvados e me impede
de imprimir o peso do meu corpo
no chão da calçada
que me leva até sua casa

ela só me conforta quando me lembra
que daqui a pouco
vai se conjugar com o móvel
da sala e ficará por ali
até amanhã de manhã até
o momento em que eu
calçando seu chinelo
a colocarei numa sacola
com a etiqueta
"para aquele brechó
que nunca organizamos"

fino e oco

fino e oco
o espaço entre a tigela de porcelana
e o piso de porcelanato

o barulho que me lembra
você alimentando seu gato
sua casa de poucos móveis
seu chuveiro bom

um dia fomos ao cinema
assistir à agnès eu queria muito
ver cléo das cinco às sete
você me beijou e eu não gosto
de beijar no cinema

nossas bocas tilintando
finas e ocas
nalguma cena que perdi

máquina de costurar concreto

arrastar sua casa

até a minha

mover ruas casas praças

abrir caminho

arredar postes

pedir passagem e arrastar

sua casa até a minha

remover muros

colar fachadas

janela com janela

de um jeito que as duas se vejam

dentro

os cômodos seu sofá

a minha pilha de roupa suja

nivelar os telhados

construir e aprender

a manusear uma máquina

de costurar concreto

—

algumas coisas
que caem bem
numa tarde quente

chuva
ducha
mergulho
hortelã
Gil
cerveja

...

algumas coisas

que caem bem

numa noite quente

chuva

ardósia

varanda

mergulho

Gal

cerveja

...

algumas coisas

que lhe caem bem

numa manhã quente

eu

sonolenta

soprando

sua

Caê

nuca

*

my baby just cares of me

dança comigo?
foi o seu convite
a dez mil
quilômetros de mim

sim

infalível

seu movimento pendular
me mantém num ponto morto
sua pupila faz ping e pong e a rede sou eu
você joga muito bem

eu tento me concentrar no café
terrivelmente doce
e nas torradas quase queimadas
penso que eu devo me preparar
um lanche melhor
mas não consigo acordar mais cedo

vou passar a trazer uma geleia
eu vou ter muita coisa pra fazer
passar geleia admirar a torrada
bonita vermelha

morder com cuidado para não cair
nenhum pedaço na minha roupa
lamber os dedos e repetir
até que o refeitório se esvazie e eu
de você

duasmulheres.org

para Flávia

duas mulheres
com cheiro de alho
nos dedos

duas mulheres
jogam damas ases blefam
fingem que não se importam

duas mulheres
assistem ao mesmo filme
em dias e casas diferentes

duas mulheres
escutam nina ella
billie etta elza

duas mulheres
que bebem muito
mandam mensagens

duas mulheres
duras como ela
como você

duas mulheres
que querem ser
mulheres

duas mulheres
nômades alugam
uma casa

duas mulheres
de atenas têm gosto
e vontade

duas mulheres
que se machucam
toda hora

duas mulheres
presas a uma ideia
fixa

duas mulheres
limpam esfregam
enceram o chão

duas mulheres
descalças
descansam

duas mulheres
ensopadas
se abrigam

duas mulheres
pedem carona
no sol a pino

duas mulheres
se olham no espelho
e gostam do que veem

duas mulheres
que ocupam
quatro páginas

duas mulheres
menstruadas
em carne viva

duas mulheres
parecidas com outras
duas mulheres

do bolso na calçada

esqueço meus brincos

na sua mesa de centro

você os acomoda

no seu porta-joias

não para fingir que são seus

mas para proteger

seu gato

num evento qualquer

você me devolve o par

como quem entrega a carteira

com dinheiro para alguém

que acaba de deixá-la cair

do bolso na calçada

eu digo obrigada

tiro os que havia escolhido

para esta ocasião

e visto meus novos velhos brincos

como quem usa o presente

que acabou de ganhar
só para agradar

em casa
guardo-os no porta-joias
para protegê-los do gato
que não tenho
para fingir que são meus

—

paixões fevereiras
de um ano de vinte
e oito dias

o poema possível

não sei se deixei de te amar
no dia em que tomei chá gelado
longe da sua casa ou no dia
em que me lembrei de outra pessoa
quando ouvi o nome
do seu escritor preferido

não sei se foi quando
fingi que não te vi na rua
ou quando tirei você
das minhas orações
assim como a minha avó
e a minha cachorra
que morreram

se foi na primeira vez
que dois travesseiros simularam
seu corpo no meio dos meus braços
minhas coxas e eu não procurei
seus pelos sua respiração
descompassada da minha

ou se foi quando não vomitei
quando te ouvi dizer
que amava outra mulher

não sei se deixei de te amar
nalguma dessas vezes
ou em outra e não sei
se deixei de te amar

como a luz que é onda
e é também partícula
e a figura
de um pato-coelho
ou a de um gato preso
em uma caixa
vivo e morto

agosto

O amor era curto demais e não cobria a todos,
como um cobertor muito curto.
Yehuda Amichai

o amor era fino demais
e não escondia a todos
como um poste muito fino

era elástico
como o de uma anágua antiga
que range e cai pela cintura

o amor era a mão que segurava
uma haste muito escorregadia
        era o trapezista e era também
o copo d'água no chão

era cheio demais e não saciava a todos
como a xícara de café que
de cheia demais
derrama e mancha
e era bambo e derrubava

o café da xícara cheia
na toalha de mesa
de uma mesa bamba de uma perna
curta demais

o amor era lento
retilíneo
e falciforme

tão devoto quanto pombos
na escadaria da igreja
atento demais — mas
nunca o suficiente

o amor era parco demais
como os trilhos de uma linha férrea desativada
como a reza de quem não crê
como as economias de quem se muda
para uma casa menor

respirar não ajuda

a umidade relativa do ar
atinge níveis críticos
diz o jornal[1]

no octogésimo terceiro dia
sem chuva
imagino como seria
não ter te conhecido

me pergunto
se a minha umidade relativa
também chamaria a atenção
de jornais

de garotas do tempo

[1] uma fuligem entra
pela janela
e mancha este papel

—

antes de saber o número
do seu apartamento
e que podemos matar plantas
por excesso de água e luz
eu riscava os dias
a cada cinco

antes de descalçar suas meias
eu não sabia
de réveillons feriados santos
não sorria nas fotos
aos dezesseis e aos vinte e sete

tinha medo de terremoto
filme de terror
atravessava na faixa e acordava
muito tarde

agora me alongo bebo água
sinto raiva
dor de barriga

monto playlists
para preencher
a sua demora

e também desafino mais
me queimo à toa
não gasto muito dinheiro
reciclo pequenos frascos de vidro
e rezo dia sim
dia sim

filme

você vai embora
e deixa para trás uma xícara
e um guardanapo sujos
mas antes
você folheia
o jornal do dia de trás

para a frente

você toma
um café morno e doce
em câmera lenta mas
antes
você despeja
sua bolsa na cadeira e se serve
de um café morno e doce

antes disso
você entra na sala
roubando a cena

e amanhã também

você ganha

a palma de ouro

e ainda leva os créditos

por enriquecer meu analista

garage sale

fiz crescer
camadas ásperas uma a uma debaixo
da carne

comprimiam
órgãos ossos secas
e grossas

eu me habituei à pilha
que diminuía
meu pé-direito

agora admiro a quitina
ensacada e colorida
no meio-fio

não vai dizer

que nada ficou com ela
o cabideiro e o varal
qualquer coisa e o cartaz
de e o vento levou
uma cadeira bonita
algumas dívidas
a samambaia
da minha mãe
meu cachorro minha
lucidez

■■ PARTE 3 ■■

SENDO A ÁGUA A CASA
A TERRA A RUA

■ *Chego à janela porque preciso de ar e de árvores.*
Ah, se não fosse esta velhinha janela onde
me vou debruçar para ouvir a voz das cousas,
eu não era a que sou.

MANHÃ Adília Lopes

hot and fresh

foi ao cinema sozinha
procurou o que estava
em cartaz

comprou
o ingresso a pipoca
sentou onde quis

comeu a pipoca
enquanto assistia
aos trailers

quando já estava
na metade do saco
reparou

que aquelas não eram
quaisquer pipocas
aquelas eram

hot

and

fresh

popcorns

poucas coisas

são

foto na hora foto

hoje apaguei muitas fotos

eu e você ponto jotapegê

e nem pude ter o prazer

de rasgá-las ao meio

com algum cuidado para deixar

uma fresta do seu rosto

ao lado do meu

sorridente

dardos

quando descemos
a assis chateaubriand
você não me deu sua mão

você me deu
seu dedo

um acordo frágil

rodoviária

para Áurea

despediram-se
depois de passarem
a semana juntas

a criança a abraçou
escondendo o rosto molhado
no vão entre suas coxas

disse que não demoraria a voltar

chorou escondida
no banheiro da rodoviária
e se enxugou na manga
do seu casaco

entrou no ônibus
estampada
de pequenas poças

—

algumas marquises

fazem chuva

fazem sol

repouso

abre aspas
eu sinto
a Terra se mover
debaixo dos meus pés
fecha aspas

nunca estamos em repouso
em relação à Terra

mas se estivermos
deitadas de barriga para cima
em cima
de uma canga desbotada que comprei
nalguma praia
nas férias de janeiro de algum dois mil

em cima da grama malcuidada
do parque
depois de caminharmos vinte minutos
procurando um lugar fora
do circuito de piqueniques

de você estender a canga
de deitarmos em cima dela
de ouvirmos carole king
de dividirmos os fones e o direito
a um silêncio cúmplice
like natural women

depois de termos brigado pela quarta vez
em dois dias por motivos de
medo distração e toalha de rosto

e se depois de tudo isso deitadas ali
olhando para o céu parcialmente nublado
o nosso referencial for um avião em voo cruzeiro
bem em cima de nossas cabeças
ali sim estaremos
em repouso

—

moro em uma cidade centenária e arborizada.
para uma metrópole, ela tem bastantes árvores.
muitas dessas árvores também são centenárias.
quando chove e venta muito, algumas caem.
triste é quando caem em cima de alguém. –
morreu de quê? – de árvore. bonito, mas muito
triste. às vezes elas só caem sobre as ruas,
impedindo o trânsito dos carros. algumas dessas
ruas foram construídas sobre rios. os rios estão
lá, embaixo delas, mas ninguém os vê. a chuva
que cai também não vê o rio, mas busca por ele
enquanto corre. como não encontra rio nenhum,
ela trata de fazer um ali mesmo, em cima da rua.
a árvore caída não impede o trânsito da água dos
rios – nem do de cima,

nem do de baixo. ninguém pensa na rua nem
no rio que ela esconde enquanto anda sobre
eles, mas basta ela desaparecer para lembrarmos
que debaixo daquele rio tem uma rua e debaixo
daquela rua tem um rio. também não se
pensa na árvore até que ela faça sombra, suje
os carros ou caia. lembrá-los nos faz lembrar
da nossa intermitência.

acumulada

eu e minha avó
jogávamos mega-sena
na lotérica da fernanda
que ficava na rio de janeiro
antes da santos dumont
depois da passarela
à esquerda de quem sobe

eu não sabia o que era sorte
mas eu tinha minha avó
o carinho da fernanda
e a promessa de que eu receberia
uma parte do dinheiro
se eu acertasse os números

imagina só
poder comprar mil pastéis de queijo
na pastelândia

condomínio edifício arcângelo maletta

I

atenção
comunicamos que as taxas
condominiais
da competência de julho/18
com vencimento para
10/07/18 encontram-se
na portaria
toda sexta-feira
e vão juntas para o xok xok
tomar uma cervejinha

...

II

nunca entendi esse lance

de escada rolante que não rola

se funcionasse

eu pararia no primeiro degrau

e ela me levaria

até um sebo

lá eu encontraria

um romance

ou ao menos

um lance

que me pagaria um drink

na varandinha

...

III

ontem na aula

obrigada hoje não

a professora me disse

eu não como amendoim

pra ser menos prolixa

quanto é?

mais concisa me impor

mais uma, por favor

e não permitir que

linda sua arte

as pessoas fiquem

já comprei na semana passada

me interrompendo

não leio poesia

toda hora

*

matriz

para Carol

c. quis saber se eu animava ir ao show de um
trio instrumental sábado à noite na matriz eu
respondi que animava e ainda que fazia anos
que não ia à matriz e ela me perguntou se eu
acreditava que ela nunca tinha ido à matriz e eu
respondi que eu acreditava afinal muita gente
nunca foi à matriz fiquei pensando que o que
a gente faz fala escreve ouve lê vê canta inventa
são apenas filiais de matrizes espalhadas por aí
e acabou que não fomos ao show e c. ainda não
conhece a matriz. mas pode conhecer.

nota

quando digo cidade digo
aquela em que transito
a zona centro-leste
cheia de casas
tombadas
semáforos sonoros
praças restaurantes
cachorros presos a coleiras
ipês cor-de-rosa
araújos socilas smartfits
feira de orgânicos e marquises
que se desocupam
no início do horário comercial

somos anfíbios

ora ora
não somos anfíbios
o que a poeta quis dizer
é que sobrevivemos bem
na casa e na rua
assim como sapos
na água e na terra
sendo a água a casa
a terra a rua
e vice-versa

não tem nada a ver
com essa viscosidade
esse muco úmido e pegajoso
que sua pele solta
quando você perde suas chaves

POSFÁCIO

Poeta overlock

Ana Elisa Ribeiro

Uma de frente para a outra, sentadas a uma mesa bege, num lugar sem charme algum, mas a voz da Amanda Ribeiro encheu a sala. Olá, boa tarde, o que trouxe você a este programa de pós-graduação? Ela passou a falar de livro, de leitura, de literatura, de educação, mas a educação ficava assim meio deslocada. Pensei: ela gosta mesmo é de livro. Não comprei aquele discurso sobre escolas. O que eu vi nela foi algo que transbordava paredes e limites impermeáveis ao mundo; foi a poesia virando a esquina, pulando o muro do colégio onde ele, o muro, é menos visível da sala da diretoria, a poesia fazendo arte. E eu nem sabia que a Amanda Ribeiro era poeta mesmo. Só parecia que era, ainda, ali. Tempos depois, quando ela me deu um envelope com um presente, um livro dela, é que fui entender, juntar as duas coisas: minha impressão e minha certeza.

Livre é abelha é um livro semiartesanal de autoria dessa poeta. É poesia nas palavras, mas também no objeto. E, depois que comecei a conviver mais com a autora, fui entendendo que ela olha pro mundo e não vê o que quase todo mundo vê; ela vê num outro diapasão. Ela faz poesia com imagem também, com vídeo, com foto. Ela é uma máquina de fazer poesia, mesmo que nem precise de palavras – essa argamassa – para isso. Amanda Ribeiro é dessas pessoas que fazem a gente entender que palavra é uma das expressões possíveis para essa coisa que se pega no ar. O difícil é justamente pegar no ar.

Esta *Máquina de costurar concreto*, por exemplo, foi um original – quase folhas soltas – que ela me entregou um dia, cheia de segredos, dizendo que veja se está bom, não mostre a ninguém, não sei se gosto, acho que sim, não sei direito o título, não sei, não sei. Eu nem quis saber. Fui ler e refazer minhas impressões sobre a poeta. Li, reli, fiquei pensando nesse título provocador, mas bem a cara da autora: delicada e firme, uma presença forte, um olhar doce, costureira também, e não só das palavras. Naquele bloco de folhas havia, sim, alinhavo. Não era só isto e aquilo, meio aleatórios; era um conjunto de poemas que falavam de amor, principalmente, mas também de ausência, de carência, de começos e fins, de ir e voltar, de ser e estar, de concreto e de pluma, vivo e *overlock*. E assim ficou. Não tive dúvidas de que essa voz lírica faria parte deste conjunto ensolarado e enluarado.

A Biblioteca Madrinha Lua pretende reunir algumas das poetas que nos aparecem pelas frestas do mercado editorial, pelas fendas do debate literário amplo, pelas escotilhas oxidadas enquanto mergulhamos na literatura contemporânea. Já no final da vida, Henriqueta Lisboa, nossa poeta madrinha, se fazia uma pergunta dura, sem resposta previsível, em especial para as mulheres que escrevem: "Terá valido a pena a persistência?". Pois então. Acho que todas se perguntam isso, mais cedo ou mais tarde. Não terá sido por falta de persistência e de uma coleção como esta, poeta. Agora, aqui, vamos à alfaiataria de Amanda Ribeiro.

ÍNDICE DE POEMAS

instruções de apartamento   14

platônica   16

diástole   17

quarto   19

quarto 2   20

quarto 3   21

banho   22

sala   24

home sweet office   25

escala richter   26

souvenirs   28

bina   29

cozinha   31

virginiana   32

ai food   33

área de serviço   34

ma *vem do japonês* 間   35

se possível   37

fazer da casa   38

enxoval   39

Arthemis 1   42

em cima das casas   43

39   44

fino e oco   45

máquina de costurar concreto   46

algumas coisas   47

algumas coisas   48

algumas coisas   49

my baby just cares of me   50

infalível   51

duasmulheres.org   52

do bolso na calçada   56

paixões fevereiras   58

o poema possível   59

agosto   61

respirar não ajuda   63

antes de saber o número   64

filme   66

garage sale   68

não vai dizer   69

hot and fresh   72

foto na hora foto   74

dardos   75

rodoviária   76

algumas marquises   77

repouso   78

moro em uma cidade centenária e arborizada   80

acumulada   82

condomínio edifício arcângelo maletta I   83

II   84

III   85

matriz   86

nota   87

somos anfíbios   88

FONTES **Eskorte e Ronnia**
PAPEL **Pólen soft 80 g/m²**
TIRAGEM **1000**